Valores Sociales y Cívicos

Autores
Montserrat Poyatos Dorado
José Alberto Ramírez Fernández

Coordinación del proyecto
José María Bautista Guadalupe

EDELVIVES

El 0,7% de la venta de este libro se destina a proyectos de desarrollo de la ONGD SED (www.sed-ongd.org).

ÍNDICE

Nuevos detectives en la ciudad

Bread Brain era alto, delgado y tenía la cara afilada. Vestía siempre con sombrero y gabardina grises.

Se dedicaba a resolver casos difíciles en muchas partes del mundo: China, Brasil, México, Rusia, Marruecos…

Desde hacía unos años, Bread Brain dirigía una academia en la que se impartían tres cursos: explorador, detective y agente.
En ella aprendían muchos niños que, como él, soñaban con resolver casos difíciles.

Para entrar en la academia solo había que ser atrevido, valiente e intrépido, virtudes necesarias para ser capaz de explorar, investigar, descubrir y resolver todos aquellos misterios a los que iban a enfrentarse.

Pero había algo a lo que Bread Brain le daba especial importancia: las ganas de aprender y la ilusión. Necesitaba aspirantes que estuvieran dispuestos a disfrutar de todas y cada una de las aventuras.

Bread Brain les enseñaba el oficio con duros y difíciles entrenamientos. En ellos, los candidatos aprendían a trabajar en equipo. Y una vez que habían terminado su preparación, ayudaban a Bread Brain a resolver casos.

En ese grupo había cuatro aspirantes en los que Bread Brain se fijó especialmente. Eran muy distintos, pero coincidían en un aspecto: la ilusión por disfrutar resolviendo misiones.

Estos cuatro candidatos se sentaron alrededor de la mesa de reuniones, y Bread Brain tomó la palabra:

—Os he elegido porque tenéis un talento que necesitaremos para los grandes retos que nos esperan.

Este equipo se dedicaría a resolver casos y misiones muy difíciles y secretas, así que iban a necesitar mucho valor. Por eso se llamaba el Equipo V, por la uve de «valor».

El Equipo V está formado por comprometidos e intrépidos chicos y chicas.

Alan

- Experto en tecnología.
- Comunicativo.
- Le encanta viajar y hacer amigos.

Nataly

- Experta en pistas y enigmas.
- Generosa.
- Le encantan el deporte y la música.

Tirso

- Experto en información y ciencia.
- Tranquilo.
- Le encantan la naturaleza y los libros.

Emma

- Experta en inventos y descubrimientos.
- Curiosa.
- Le encantan los robots y las estrellas.

Little Town

Centro de
tecnología
circo

1 Las huellas de mi identidad

¿Cuáles son mis cualidades?

Para pensar...

- ¿Sabes qué son las huellas dactilares?
- ¿Te gustaría más que todas fueran iguales o distintas? ¿Por qué?

Las huellas de Noa

Noa se levantó una mañana sin saber dónde estaba. Al mirarse en el espejo se dio cuenta de que no recordaba quién era. Miraba su pelo, sus ojos y su nariz, y nada, no se acordaba. Abrió bien la boca y se miró los dientes, la lengua y hasta la garganta... Pensó que esa boca no era la suya. Miró sus manos. Le gustaba observar las extrañas líneas de las palmas y las huellas de sus dedos. Pero se le habían borrado.

Aquello era muy extraño. Pensó que había perdido su identidad. ¿Dónde buscarla? Sentía miedo, porque otras personas tampoco sabrían quién era. Decidió buscar su identidad: miró debajo de la cama, abrió todos los cajones, buscó en la mochila del colegio... pero nada. ¿A quién preguntar? ¿Dónde buscar? ¿Qué pistas seguir?

Encendió el ordenador y buscó: huellas perdidas, ayuda. Apareció la imagen de un señor con gafas de sol y cuatro chicos. Junto a la foto ponía: «Equipo V. Si necesitas ayuda, escríbenos».

ACADEMIA DE DETECTIVES

Las huellas de Noa

El Equipo V recibió la siguiente nota: «Vais a aprender técnicas de detectives antes de empezar el primer caso.
Firmado: Bread Brain».

1 Decora tus manos para que sean tu antifaz.

- En el exterior del dedo índice derecho escribe tu nombre.
- En el exterior del dedo índice izquierdo escribe el mes de tu cumpleaños.
- El resto de la mano puedes decorarla con colores. ¡Ya te puedes poner tu antifaz personal!

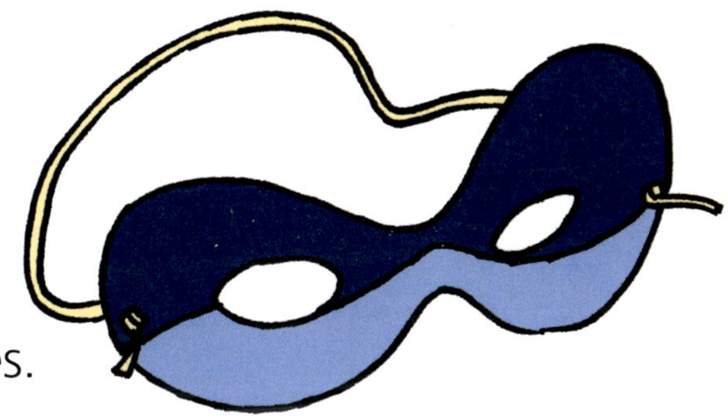

2 Los buenos detectives usan códigos secretos para mandar mensajes. Vais a aprender a usar un código secreto.

Arriba → a
Abajo → e
Derecha → i
Izquierda → o
Fin del camino → u

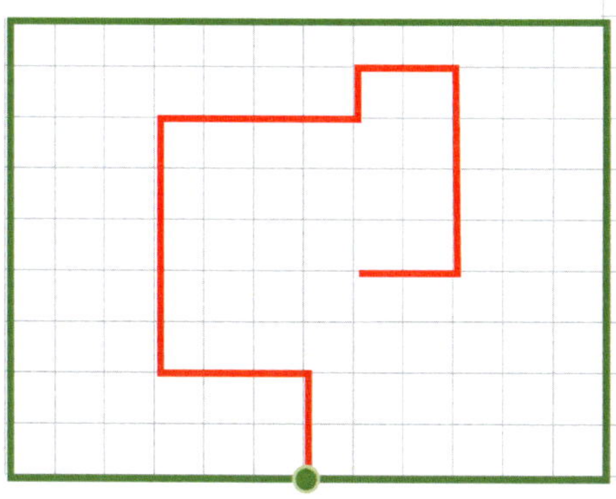

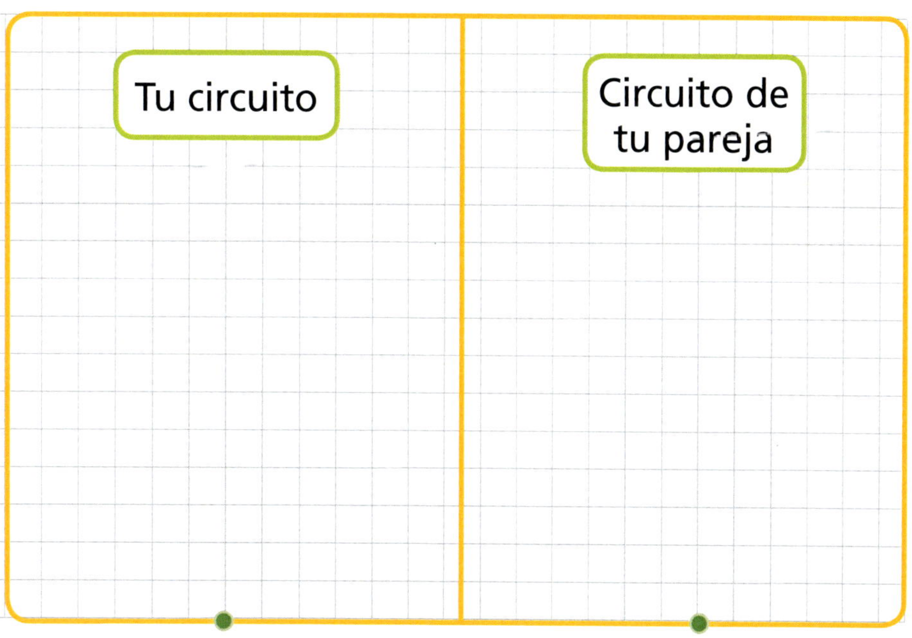

CASO ABIERTO

Las huellas de Noa

De repente, se activó la máquina de telegramas: «Pip, pip-pip, pip-pip-pip…». Comenzaron a traducir el mensaje, que decía: «Hola, soy Noa. Se me han borrado las huellas de las manos. He olvidado cómo soy, qué me gusta, qué se me da bien… Necesito ayuda».

A la velocidad del rayo contactaron con Noa, que les contó cómo había olvidado sus aficiones, gustos, defectos, talentos… El Equipo V pensó un plan. Noa investigaría sobre su identidad con su familia y amigos. Apuntaría todas las pistas y se las mandaría al Equipo V por *e-mail*.

1 Completa con la información que cada persona le da a Noa.

- Te gusta beber ______
- Te gustan las tostadas con ______
- Tu asignatura favorita es ______
- Juegas a ______

2 Completa la lista con las cosas que más te gustan.

- El color
- Comer
- El helado de
- Ir a
- Jugar a
- Ver

3 Cuando encuentres a un compañero que tenga algo en común contigo, apunta su nombre y lo que tenéis en común en el espejo.

Las huellas de Noa

Noa, con gran convencimiento, se lanzó a recorrer toda la casa en busca de su identidad. Al llegar a la cocina se encontró a un señor; era su padre tomando café. El señor dijo:

En el recibidor de la casa encontró a una señora poniéndose el abrigo; era su madre. Esta le dijo:

Al llegar al colegio, una niña alta y con el pelo corto le dijo:

Noa anotó los datos nuevos y mandó sus descubrimientos al Equipo V.

Masterclass. Mis propias huellas

Cada persona tiene unas huellas dactilares diferentes a otras personas. ¡Hasta los hermanos gemelos tienen huellas distintas!

Coge tu mano y observa tus huellas dactilares. ¡Qué diferentes son las de unos dedos y otros! ¡Y qué pequeñitas y difíciles de ver!

Ahora enseña tus huellas a un compañero o compañera y observa las suyas. ¡Es una parte única! ¡Nadie tiene las mismas huellas dactilares!

Tú tienes una identidad única que te hace especial y maravilloso. También tienes tus propias huellas dactilares.

Puedes tener cosas en común con otras personas, pero cada uno es único.

1. Cada persona de tu equipo debe poner su huella en una casilla.

huella 1	**huella 2**
huella 3	**huella 4**

- Observa bien las huellas. Rodea de azul una semejanza entre dos huellas y rodea de rojo una diferencia.

2. Busca entre los compañeros de clase huellas que sean parecidas. Cuando encuentres una que se parezca a la tuya, debes buscar las diferencias.

Después, responde a las preguntas.

- ¿Has encontrado dos huellas iguales?

- ¿Por qué crees que es eso?

Masterclass. Dejar huella

La identidad de las personas también se forma por sus recuerdos y por las personas con las que convive.

Se emplea la expresión «dejar huella» para referirnos a las cosas que son importantes y nos marcan: un regalo especial, unas vacaciones, una amiga, un cumpleaños...

Todo lo que nos ocurre nos hace pensar y sentir emociones. Por eso nos cambia y nos ayuda a crecer. Hay que aprender de las cosas buenas y guardarlas en la memoria. Nos podemos enfrentar a aquello que no nos guste para superarlo y aprender.

3 **Escribe los nombres de las personas o cosas que te han marcado dentro del corazón.**

- Comparte tus recuerdos con tus compañeros.

Las huellas de Noa

A lo largo de todo el día, profesores, compañeros, amigos… le fueron dando información sobre las cosas que hacía, las cosas que se le daban bien, sus gustos y aficiones. Al llegar la tarde tenía la libreta llena de datos.

Leyó todo muy despacito. Empezaba a recordar quién era. Miró sus manos. En los dedos poco a poco comenzaron a dibujarse líneas y huellas dactilares. Sentía mucha emoción. ¡Reconocía sus manos!

Noa no quería perder sus huellas otra vez; cogió tinta y las marcó en un papel. Después, mandó una copia al Equipo V.

El álbum de tu identidad

1. Pon una huella dactilar con pintura de dedos en el marco.
2. La huella va a ser tu cara: en ella añade el pelo, la ropa, los ojos, la boca…
3. Completa la imagen con un bocadillo. Escribe información de tu identidad: cómo eres, qué te gusta, qué cosas se te dan bien…

- Compártelo con tus compañeros de clase.

Las huellas de Noa

Por la noche, Noa contactó con el Equipo V por *webcam*. Entre todos repasaron los descubrimientos de Noa. Alan le dijo:

—Se te dan bien los deportes, como a mí. Y a mí también me encantan las matemáticas.

Emma comentó:

—No hay cosa que más me guste que desayunar zumo de naranja.

Nataly también le contó las cosas que tenían en común:

—Me encantan los animales y las plantas.

Tirso y Noa querían ser lo mismo de mayores:

—A mí también me gustaría ser astronauta —reconoció Tirso.

Noa había descubierto muchas cosas sobre su identidad. Había llegado el momento de comprobar si se reconocía en el espejo.

Noa se puso frente al espejo y cerró los ojos con mucha fuerza. Tenía miedo de abrirlos. Se armó de valor y los abrió. El espejo le devolvió su reflejo. ¡Había recuperado su identidad!

1 Pon tu nombre sobre el color que más representa tu autoconocimiento.

No conozco mis virtudes, ni mis defectos, ni mis gustos, y no tengo claras mis opiniones.

A veces conozco mis virtudes, mis defectos y mis gustos, y tengo claras mis opiniones.

Conozco bien mis virtudes, mis defectos y mis gustos, y tengo claras mis opiniones.

2 Contesta a las preguntas. Después, escribe lo más importante que has aprendido.

Escribe todas las palabras nuevas que has aprendido.	¿Qué has descubierto de tu identidad?
¿Qué te gusta de ti y de tu forma de ser?	¿Todas las personas son distintas?

2 El funambulista

▶ ¿Sé pedir ayuda?

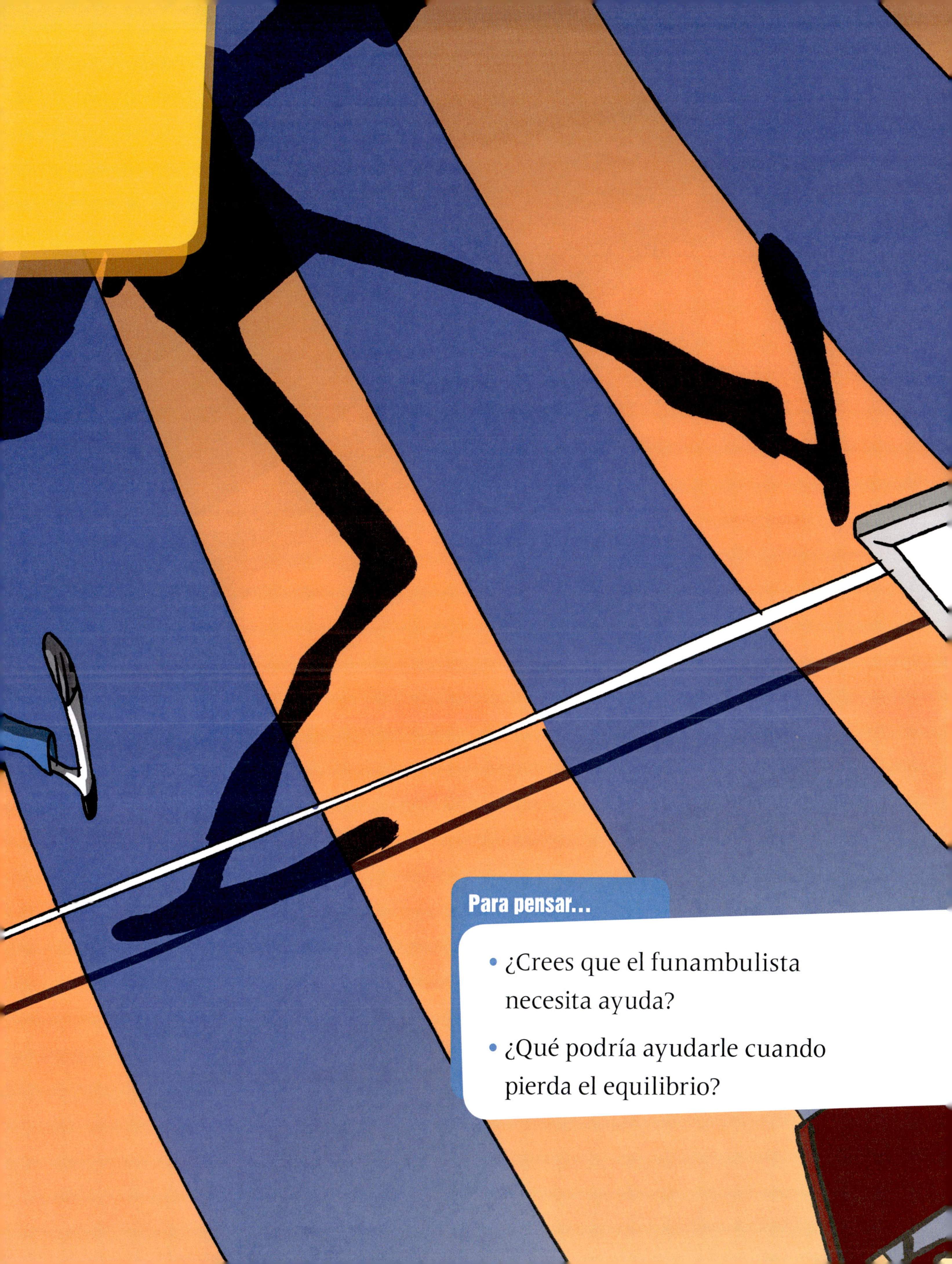

Para pensar…

- ¿Crees que el funambulista necesita ayuda?
- ¿Qué podría ayudarle cuando pierda el equilibrio?

En la cuerda floja

Giuseppe era un funambulista con piernas de alambre y ojos de ratón. Cuando era pequeño, su abuela lo llevó al circo. Le sorprendió tanto el número de la cuerda floja que empezó a practicarlo a todas horas. Subía a los árboles, **saltaba** de sofá en sofá... Se caía mucho, pero siempre se levantaba.

Con el tiempo se convirtió en un funambulista valiente y arriesgado. Su espectáculo era cada día más difícil. Sus amigos le avisaron del **peligro**. Pero él, testarudo y orgulloso, no quería escuchar: «Soy el mejor funambulista del mundo; jamás me caeré».

Giuseppe estrenó un número nuevo. Un **redoble de tambor** anunciaba el comienzo de la función. El foco le **iluminaba**, las **cadenas tintineaban**, el público contenía **la respiración**... Avanzaba lentamente, con el **sudor cayéndole** por la frente. Cuando le quedaban pocos pasos, el público estalló en **aplausos**. Él, confiado, levantó la cabeza y saludó... se desestabilizó y **se cayó**. Tendido en el suelo **lloraba** de dolor. Se había **roto la pierna**.

—Es la primera y la última vez que me caigo —sentenció Giuseppe.

ACADEMIA DE DETECTIVES

En la cuerda floja

Alan recibió un *e-mail* que decía:
«Habéis sido invitados al circo. Iréis a una clase especial». Todos saltaron de alegría.

La carpa del circo era gigante y tenía miles de colores. Allí conocieron a casi todos los artistas: al domador, las bailarinas, los payasos...

El dueño del circo os invita a participar en el entrenamiento.

Reto 1: Funambulistas

La primera prueba a la que os vais a enfrentar es la cuerda floja. Consiste en recorrer una línea sin salirse.

Reto 2: ¡Que no caiga!

En la segunda prueba aprenderéis de los malabaristas. Consiste en llevar un objeto de un lado a otro sin que se caiga.

Reto 3: Desfile de payasos

Los payasos son los personajes más alegres del circo. ¡Vamos a aprender de sus técnicas de humor!

Reto 4: El aro del león

La última prueba es la más peligrosa: ¡vamos a domar leones!

CASO ABIERTO

En la cuerda floja

El Equipo V recibió la siguiente nota de Bread Brain: «Equipo: os he mandado al circo para que ayudéis en un caso. El funambulista se ha caído de la cuerda floja por no querer usar red, y se ha roto la pierna. Tenéis que enseñarle la importancia que tiene dejarse ayudar».

1 Vuelve a leer el cuento, pero cada vez que encuentres una palabra de color verde añade un sonido que la represente.

2 Piensa en el problema del funambulista y responde.

- ¿Por qué ha hecho eso? → Esas son las causas.
- ¿Qué le puede pasar en el futuro? → Esas son las consecuencias.

3 Escribe una carta al funambulista. Explícale por qué debe dejarse ayudar y por qué es peligrosa su actitud.

Hola, Giuseppe:

Un abrazo: (firma)

Masterclass. ¿Por qué no nos atrevemos a pedir ayuda?

Hay gente que nunca pide ayuda. Creen que si la piden, los demás pensarán que son torpes o cobardes.

Este pensamiento se produce porque sentimos **vergüenza**. A veces, las personas sienten vergüenza de su problema y no quieren compartirlo con nadie. Las personas fuertes y valientes son las que reconocen que necesitan a los demás en situaciones difíciles.

Para sentir **humildad** es necesario que sepamos lo que sí sabemos hacer bien. Entonces no tendremos problema en reconocer que hay otras cosas que «todavía» no conocemos o no sabemos hacer bien.

Las personas más listas son las que más aprenden. Cuando alguien no sabe algo, puede preguntar o escuchar, y así aprenderá. Si cree que lo sabe todo, entonces no aprenderá cosas nuevas. Así que ya sabes: tienes derecho a no saber algo.

Ahora bien, para pedir ayuda hay que usar las **palabras correctas**, explicar bien lo que necesitamos y dar las gracias a quien nos ayuda.

LABORATORIO

En la cuerda floja

Había que convencer a Giuseppe de que todas las personas necesitamos a los demás.
Para ello iban a investigar otras situaciones del circo en las que se necesita ayuda.
Los miembros del Equipo V sacaron su libreta de descubrimientos y fueron apuntando todo lo que observaron. Miraron aquí y allá, por arriba y abajo, delante y detrás.
No dejaron nada sin observar.

1 **Observa a tu alrededor situaciones en las que la gente necesite ayuda y apúntalas en tu cuaderno.**

- ¿Quién necesita ayuda?
- ¿Qué problema tiene?
- ¿Quién se ofrece a ayudarle?

Vamos a compartir en los grupos todo lo que hemos registrado.

- ¿Habéis observado las mismas situaciones?

A veces queremos pedir ayuda, pero nos cuesta porque no sabemos cómo hacerlo. Vamos a crear un código de colores que nos ayude a expresarnos.

2 Decidid en grupo qué color le dais a cada una de estas situaciones. Después, colorea los círculos.

Alguien necesita...

afecto

ayuda

que le acompañen

que le presten algo

! Recuerda

Cada vez que quieras pedir ayuda puedes usar este código de color para que tus compañeros sepan lo que necesitas y puedan apoyarte.

En la cuerda floja

El funambulista estaba en su cama con la pierna en alto cuando llegó el Equipo V.

Le enseñaron todos sus descubrimientos y le explicaron las situaciones que habían observado. Le mostraron que eran muchos los momentos en los que la gente del circo se apoya en otras personas. Le explicaron que todo el mundo necesita ayuda para estar más seguro y resolver situaciones difíciles.

Giuseppe reconoció que había estado equivocado. Su orgullo y vanidad le habían impedido dejarse ayudar.

Acordaron entre todos hacer una red que le protegiera si perdía el equilibrio.

Red de apoyo

1 **Piensa en situaciones en las que otras personas pueden ayudarte y completa.**

- *Me apoyo en los demás cuando...*

- Compártelo con tu grupo.

2 **Ofrece tu ayuda a los demás con algo que se te dé bien. Escribe en el tablón de anuncios.**

- *¿Qué puedo dar a los demás?*

En la cuerda floja

Nataly, Alan, Tirso y Emma llegaron a la agencia cuando ya caía la noche. Se sentían orgullosos del trabajo que habían hecho.

Al entrar en el despacho, vieron sobre la mesa una pequeña caja. La abrieron, y en su interior encontraron un trozo de red. También había una nota que decía:

> Gracias a los cuatro por enseñarme que los demás pueden ser una red de apoyo que nos ayuda a sentirnos más fuertes y valientes. Algún día conseguiré cumplir mi sueño y podré subir mi cuerda hasta la luna.
>
> Firmado: Giuseppe

1 Colorea en cada sección tu nivel.

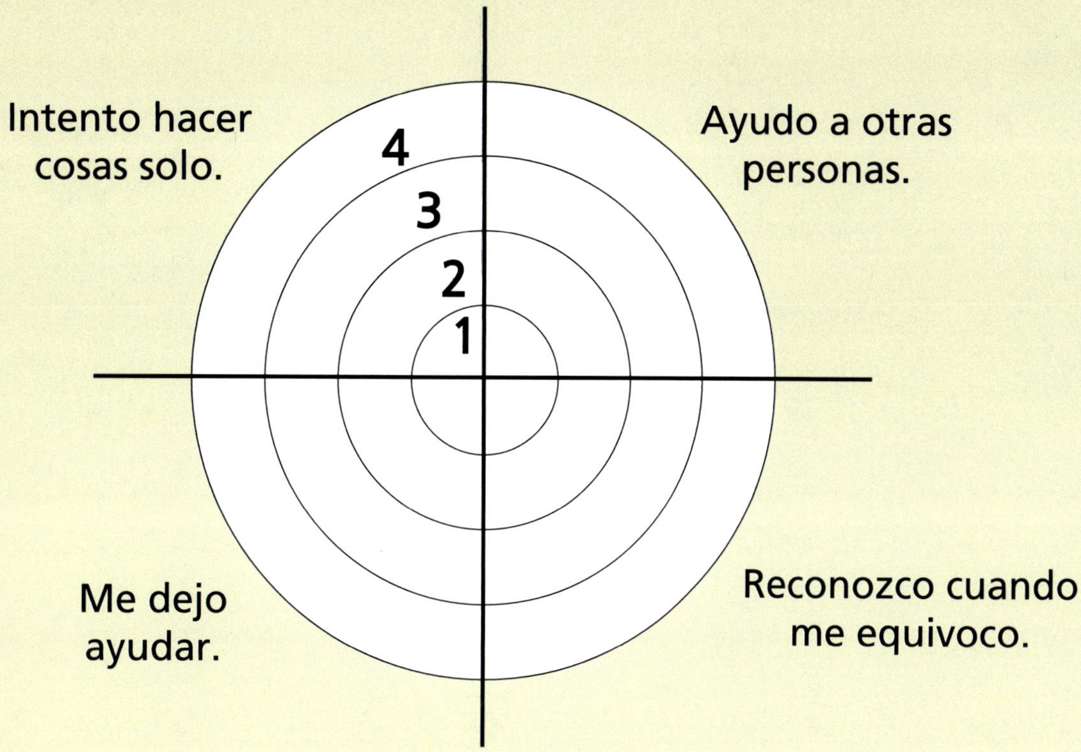

2 Contesta a las preguntas.

Escribe todas las palabras nuevas que has aprendido.	¿Cuándo crees que hay que pedir ayuda?
¿Por qué crees que hay personas que no se dejan ayudar?	Explica en qué cosas o situaciones puedes ayudar tú.

3 Barco a la deriva

¿Pensamos juntos?

Para pensar...

- ¿Por qué causa se puede hundir un barco?
- ¿Qué se puede hacer para evitarlo?

La ruta Khaliman

Lucy, Sergi, Ro y Alex eran cuatro marineros que se lanzaban a los mares en busca de cofres con oro.

Cada uno tenía un motivo por el que deseaba encontrar un gran tesoro. Lucy quería escribir cuentos sobre piratas; era su sueño. Sergi quería conseguir un diamante, el mineral más duro y resistente. Ro necesitaba asegurar la comida a su familia. Alex coleccionaba monedas, y le faltaban las de la isla Khaliman.

¡Khaliman! Ese era su destino. Monedas, joyas, oro, piedras preciosas... Todo esperaba intacto desde hacía años. Pero ¿sabían hacia dónde dirigirse? ¿Alguien llevaba un mapa? ¿Habían pensado en el tiempo que iban a tardar? La respuesta era «no».

Tras unos días navegando, comenzaron los problemas. ¡No avanzaban! Ro buscó los mapas, pero no encontró nada. Alex estaba hambriento, ¡no quedaba nada! Lucy se sentía mal porque no sabía cómo ayudar. Sergi intentaba hacerse cargo de todo. El sudor le caía por la frente; dio un golpe en el timón y se sentó. No quería saber nada.

ACADEMIA DE DETECTIVES

La ruta Khaliman

Un mensaje de alerta apareció en la pantalla; era un vídeo de un barco de vela. Los marineros estaban trabajando en equipo: movían los barriles, reparaban las velas, manejaban el timón… ¡y todo lo hacían cantando! Parecían estar muy contentos.

Vais a jugar a ser piratas para que comprobéis lo divertido que es trabajar en equipo, cantando y bailando como ellos.

El juego de los barriles

¿Alguna vez habéis visto cómo ruedan los barriles? Vamos a transformarnos en auténticos barriles, ¡como los de los barcos piratas!

El juego consiste en transportar un barril de un lado a otro.

Celebración pirata

¡Vamos a crear nuestra celebración de equipo! Vamos a cantar y a bailar; después votaremos una canción para el equipo.

¡Tenéis que usarla cada vez que superéis una actividad de equipo!

CASO ABIERTO

La ruta Khaliman

Bread Brain sacó un mensaje de una botella y leyó: «Somos un grupo de marineros. Vamos en busca de la isla Khaliman. Estamos perdidos en medio del mar. Necesitamos ayuda».

—Detectives: si fuerais parte de la tripulación de un barco, ¿quiénes seríais?

1. Piensa en lo que mejor sabes hacer y elige un puesto en la tripulación del barco.

Capitán

Da las órdenes y maneja el timón.

Oficial

Conoce todos los mapas y las rutas.

Artillero

Encargado de defender el barco.

Contramaestre

Organiza todas las tareas del barco.

Marinero

Encargado de las velas, mástiles, cuerdas…

Vigía

Vigila desde lo alto, busca tierra firme, ayuda a evitar colisiones…

2. ¿Por qué has elegido ese puesto?

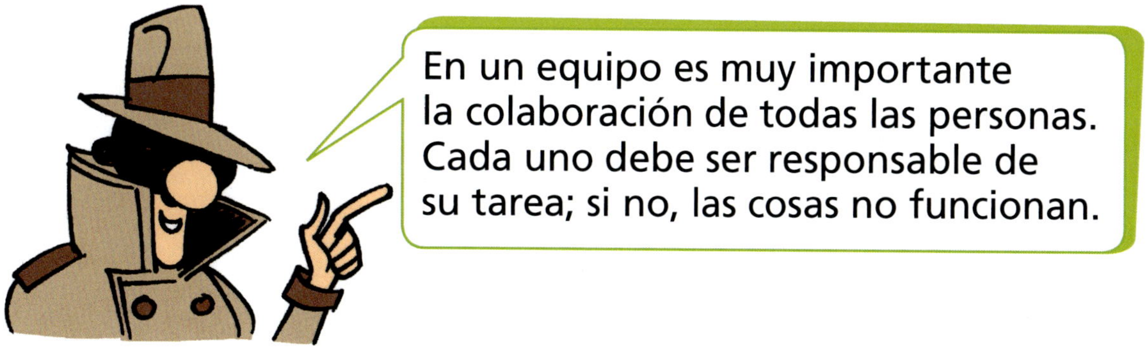

3 Lee la situación que traen las olas y debate con tus compañeros los efectos que produce.

4 Escribe qué ocurre cuando llega la ola de la desorganización. ¿Qué pasa si…

- nadie iza las velas? ______
- nadie maneja el timón? ______
- nadie defiende el barco? ______
- nadie conoce la ruta? ______
- nadie vigila el camino? ______
- nadie organiza las tareas? ______

LABORATORIO

La ruta Khaliman

Bread Brain recomendó a los marineros que aprendieran de los animales marinos.

Observaron que los delfines nadaban juntos. El más hábil nadaba delante; los demás confiaban y seguían la misma dirección. Lucy se preguntó: ¿Algún día seremos capaces de organizarnos como los delfines?

Masterclass. Sigue a los delfines

Los delfines son mamíferos que viven en el mar. Son sociables y amigables. Viven en grupos que se llaman vainas.

En ellas cada delfín tiene su función. Se ayudan a conseguir comida, a protegerse y a cuidar a las crías: la unión hace la fuerza. Se organizan para rodear los bancos de peces y así conseguir el alimento.

Los delfines crean fuertes lazos entre ellos. Se comunican a través de sonidos; se cuidan dándose caricias con las aletas. Son muy solidarios: cuando un delfín está enfermo o herido, el resto lo cuida.

1 Vuelve a leer el texto de los delfines y señala con un lápiz las palabras más importantes sobre cooperación.

2 Responde a las preguntas.

- ¿Por qué crees que viven en grupo?

- ¿Cuándo se ayudan los delfines?

- ¿Por qué es bueno cooperar?

3 Decora el cuadro con palabras sobre la cooperación de los delfines.

SOLUCIONES CREATIVAS

La ruta Khaliman

Lucy continuaba observando el mar. A lo lejos apareció una pequeña lancha que se dirigía hacia el barco a toda velocidad. Parecía que alguien venía a ayudarlos. Impaciente, llamó a sus compañeros.

A bordo de la lancha viajaban los detectives del Equipo V. Cuando llegaron al barco, se presentaron y les pidieron permiso para subir.

El mural cooperativo

Vamos a realizar un mural cooperativo con material reciclado.

1 Colorea el dibujo y anota los materiales que utilizaréis para realizar el mural. ¡Todas las ideas son buenas!

- Para el mar: ______________________
- Para el cielo: ______________________
- Para la isla: ______________________
- Para el barco: ______________________

2 Ya estamos preparados. Recordad la importancia de que todos cumplan con las tareas. ¡Al abordaje!

La ruta Khaliman

Después de darles el mensaje y aconsejarlos, el Equipo V debía regresar junto a Bread Brain para continuar con su próxima misión. Se despidieron de los cuatro marineros, y a los pocos minutos desaparecieron por el horizonte en su lancha.

Los cuatro marineros se quedaron unos minutos en silencio, reflexionando. Hasta que Lucy dijo:

En ese momento se miraron y, sonriendo, se dieron un gran abrazo.

1 **Piensa en el mural cooperativo y marca cada apartado.**

Trabajo en equipo

- ¿Hemos respetado las opiniones de los compañeros?

  ☐ Siempre ☐ A veces ☐ Nunca

- ¿Hemos cumplido las tareas?

  ☐ Siempre ☐ A veces ☐ Nunca

El mural

- ¿Los objetos están completos?

  ☐ Todos ☐ Algunos ☐ Ninguno

- ¿La presentación es limpia?

  ☐ Entera ☐ Un poco ☐ Nada

2 **Contesta a las preguntas.**

Escribe todas las palabras nuevas que has aprendido.	¿Cuándo crees que es mejor cooperar?
¿Para qué sirve trabajar en equipo?	¿Qué le ocurre al equipo si no haces tu parte del trabajo?

4 La alquimia de las emociones

▸ ¿Cómo me siento?

Para pensar...

- ¿Qué sitio ves?
- ¿Qué hay en las estanterías? ¿Para qué servirá?
- ¿Quién os imagináis que puede acudir a ese sitio?

La alquimia de las emociones

Vega Canela tenía por lo menos cien o ciento cincuenta años. Había vivido mucho, y leído más. Era sabia, y pasaba la mayor parte de su tiempo en la botica. Vega Canela era alquimista.

La botica era una sala muy particular. En cada rincón había botes de ungüentos, frascos con sustancias multicolores, hierbas, cachivaches, pergaminos, fotografías, libros y cajitas. Todo meticulosamente desordenado.

Desde hacía más de cincuenta años trabajaba en la botica, buscando fórmulas y recetas. Su especialidad eran las emociones. Creía firmemente que si descubría el secreto de las emociones podría ayudar a las personas a conocerse mejor y ser más felices. Vega Canela compartía su conocimiento, y ayudaba a las personas a manejar sus sentimientos.

Una tarde olvidó su pócima al fuego y hubo una explosión. Los libros, frascos, recipientes y sustancias comenzaron a quemarse. Ella, que conocía bien las emociones, no se dejó llevar por la pena. Sabía perfectamente que podía contar con su viejo amigo Bread Brain.

ACADEMIA DE DETECTIVES

La alquimia de las emociones

El Equipo V leyó el programa del día: «Entrenamiento sobre sentimientos y emociones». ¿Qué juegos tendría preparados Bread Brain?

1. Escribe la emoción debajo de cada cara.

2. Descubre quién es el intruso en la siguiente imagen y rodéalo con el lápiz.

CASO ABIERTO

La alquimia de las emociones

En la sala apareció Vega Canela. Les contó cómo su casa había ardido en llamas, y les pidió ayuda para reconstruir su botica. Los miembros del Equipo V no lo dudaron.

Vega Canela les contó unos cuantos secretos y descubrimientos que necesitarían conocer para poder comenzar con la reconstrucción.

1. ¡Escucha la música y déjate llevar! Anota la emoción que corresponda a cada canción.

Canción 1	Canción 2	Canción 3	Canción 4

2. Atrévete a oler y a tocar lo que se esconde en el interior de los botes. ¿Qué has sentido? Anótalo.

Bote 1

Bote 2

Bote 3

Bote 4

3. Responde a las preguntas.
   - ¿Te ha gustado la sensación?
   - ¿Qué has sentido?

4 Descubre los siguientes secretos de cada emoción.

Tristeza	Alegría
¿Cuándo me pasa?	¿Cuándo me pasa?
¿Cómo actúo?	¿Cómo actúo?
Miedo	**Rabia**
¿Cuándo me pasa?	¿Cuándo me pasa?
¿Cómo actúo?	¿Cómo actúo?

5 Haz un dibujo que represente cada una de las emociones anteriores.

LABORATORIO

La alquimia de las emociones

El Equipo V estaba asombrado de todo lo que Vega Canela les estaba enseñando sobre las emociones. ¡Cuánto sabía esa mujer!

Juntos descubrieron el poder que los colores tienen para afectar a las emociones. Ahora sí, estaban preparados para afrontar el reto de mayor importancia y dificultad: crear la sustancia de las emociones.

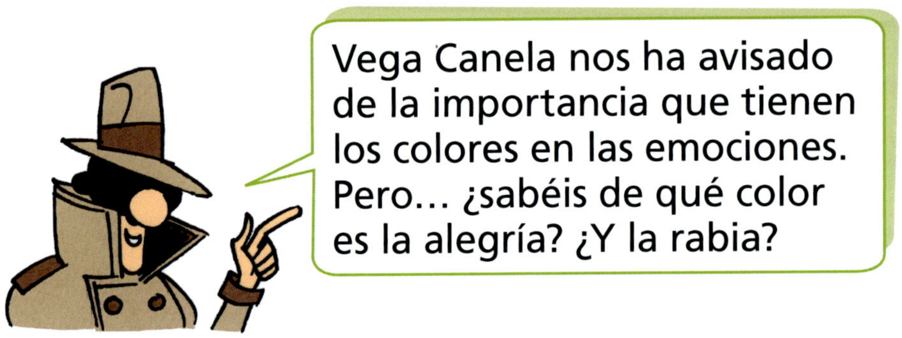

1 Opina sobre el color que tienen las emociones. Escribe en cada color la emoción que te inspira.

2 Colorea cada emoción del color elegido.

RABIA	ALEGRÍA	TRISTEZA	MIEDO

Masterclass. Dueños de nuestras emociones

Las emociones nos acompañan a lo largo de todo el día. A veces las sentimos intensamente; por ejemplo, cuando tenemos vergüenza. Otras veces no nos damos cuenta de que están ahí; por ejemplo, cuando estamos tranquilos.

Todos podemos aprender a manejar las emociones. Hay tres trucos básicos:

- Identificar: reconocer y nombrar lo que sentimos.
- Expresar: comunicar nuestras emociones.
- Controlar: decidir cómo actuamos sin dejarnos llevar solo por la emoción.

Si aprendemos estos trucos, las emociones no nos jugarán malas pasadas.

3 Crea la sustancia de cada emoción pintando sal con tizas de colores.

SOLUCIONES CREATIVAS

La alquimia de las emociones

Los colores de las emociones salpicaban las paredes. El laboratorio estaba repleto de las nuevas sustancias que habían creado.

Sin decir nada, Vega Canela cogió una tiza y comenzó a escribir en la pizarra mezclas de distintas sustancias. Estaba escribiendo la receta de nuevas emociones.

Para reconstruir la botica es necesario rellenar tarros y frascos de distintas emociones. Cada persona tiene sus propias emociones. ¡Vamos a crear la mezcla de nuestras emociones!

1 Colorea con colores diferentes y pega una etiqueta en cada tarro.

La fórmula de mis emociones

2 Escribe una situación en la que hayas sentido:

Alegría

Tristeza

Rabia

Miedo

3 Cada vez que cuentes a tus compañeros la anécdota de una emoción, rellena el tarro con la sustancia emocional que sientas. No olvides tener delante tu tarro vacío y las cuatro sustancias emocionales.

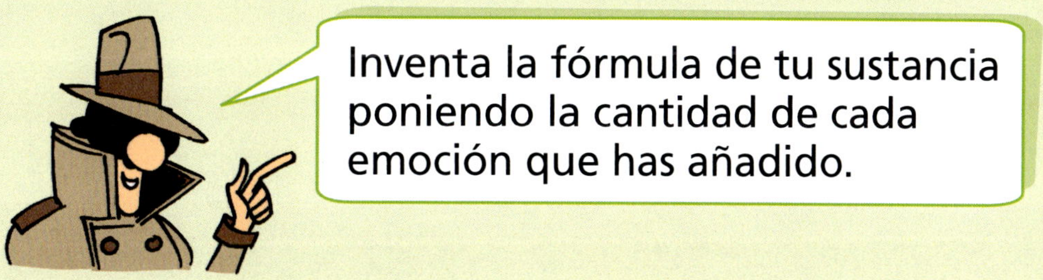

4 Diseña la etiqueta con tu nombre.

5 Pónsela al tarro, y recuerda colgar además las etiquetas de cada emoción. ¡Ya está listo tu tarro de las emociones!

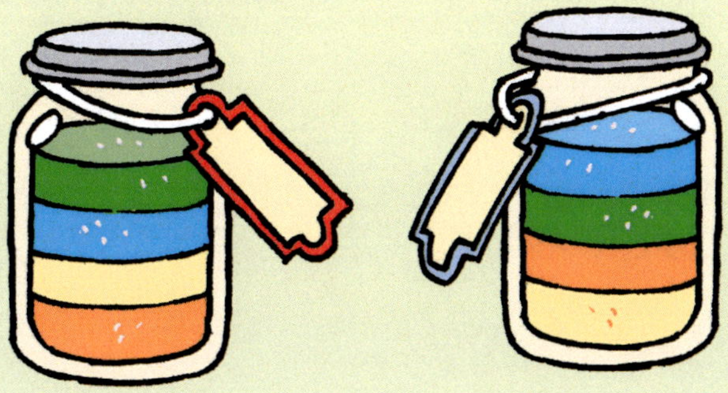

La alquimia de las emociones

Tres semanas después del incendio, Vega Canela podía volver a su casa. Entre el Equipo V y Bread Brain habían reparado los daños.

Cuando Vega Canela cruzó el portón, se sintió reconfortada. Escuchó susurros, risitas, alboroto y traqueteo de botes al final del pasillo, en la habitación que fue su antigua botica.

Lentamente se aproximó y abrió la puerta. Los ojos se le llenaron de lágrimas cuando vio que el Equipo V, acompañado de Bread Brain, había llenado todos los estantes y repuesto todos los frascos de la botica. Esta vez sus lágrimas eran de felicidad; la botica reabría sus puertas para ayudar al que lo necesitara.

1. Reflexiona sobre todas las actividades que has realizado y piensa si te han ayudado a conocer mejor tus emociones.

2. Contesta a las siguientes preguntas en cada color del semáforo.

¿Qué te falta por aprender de las emociones?

¿Qué dudas tienes sobre las emociones?

¿Qué has aprendido de las emociones?

3. Contesta a las preguntas.

Escribe todas las palabras nuevas que has aprendido.	¿Qué puedes hacer cuando tienes miedo?
Explica con tus palabras qué es la rabia.	¿Cómo sabes que alguien está triste?

5 Mensajes prohibidos

¿Por qué no digo lo que siento?

Para pensar...

- ¿Por qué se tapan la boca?
- Si se te escapan unas palabras que no podías decir, ¿cómo lo arreglas?
- ¿Por qué a veces no puedes decir lo que piensas?

Mensajes prohibidos

Lola tenía seis años cuando una caravana de coches negros llegó a la ciudad. Eran los duques, que regresaban tras muchos años.

El primer día, el duque mandó cortar las flores.

El segundo día, la duquesa ordenó silenciar la música.

El tercer día prohibieron los colores. Todo se tiñó de negro.

Desde que los duques volvieron, nadie pudo hablar libremente. La gente se escondió en su casa invadida por el miedo. Lola vio cómo todo se volvía triste y gris. Ya no podía reír, ni cantar, ni decir lo que pensaba.

Una noche conectó la vieja radio.

Tras oír interferencias, oyó la voz de un niño:

—Aquí Alan, del Equipo V. ¿Hay alguien al otro lado? Cambio.

Lola presionó el botón de salida y dijo:

—Hola, soy Lola. No puedo hablar mucho, porque está prohibido. Cambio.

Alan, sorprendido, preguntó:

—¿Cómo que está prohibido? Todos tenemos derecho a decir lo que pensamos. Cuéntame tu historia y te ayudaremos. Cambio.

Lola le contó lo que ocurría en su ciudad.

ACADEMIA DE DETECTIVES

Mensajes prohibidos

Alan les contó a sus compañeros que había conocido a Lola, y les explicó cómo se vivía en una ciudad en la que no puedes expresarte libremente.

Vamos a jugar a que somos habitantes de la ciudad gris: está prohibido hablar. Es importante estar atento y expresarse con gestos y miradas.

1. Vamos a jugar a Encerrados. Varios compañeros crearán la prisión, y dos de ellos se situarán en el centro, sin poder salir.

- ¿Qué sensaciones has tenido?
- ¿Te habías sentido así en otras situaciones?
- ¿Sientes que otras personas conocidas son muros?

2. Todo el grupo crea figuras silenciosas.

3. Dibuja la figura que más te ha gustado.

CASO ABIERTO

Mensajes prohibidos

El Equipo V se reunió junto a la radio. Cuando la noche era profunda, la suave voz de Lola los despertó. Toda la noche, los cinco estuvieron hablando de las cosas que más les gustaban, intercambiando opiniones y sueños.

Al amanecer, se despidieron para no ser descubiertos. Lola se durmió feliz de haber podido hablar sin miedo.

1 Marca con una cruz la opción elegida por ti y por tus compañeros.

	¿Qué prefieres…?					
	Refresco		Jugar		Música	

Yo						

2 Marca con una cruz la opción elegida por ti y por tu familia.

	¿Qué prefieres...?					
	Aficiones		Vacaciones		Hacer cosas en familia	

Yo						

3 Vamos a hacer recuento de las opiniones de compañeros y familiares.

- Apunta el número total en cada casilla.
- Rodea de verde las opciones más votadas.

Refresco		**Jugar**		**Música**	

Aficiones		**Vacaciones**		**Hacer cosas en familia**	

Mensajes prohibidos

El Equipo V animó a Lola a perder el miedo y a hablar con su familia y amigos de lo que pensaba y sentía.

Lola rompió su coraza, y desveló el secreto de la radio. A partir de ese día, todos se reunieron en torno a la radio para hablar con sus amigos. Poco a poco, se fueron uniendo más y más vecinos.

Masterclass. Frecuencia emocional

Las radios funcionan a través de frecuencias. Según la frecuencia sintonizada, la información nos llega expresada de diferentes formas.

Al igual que la radio, nuestras emociones funcionan como «frecuencias». Nuestros mensajes suenan diferentes, según la emoción en la que estemos sintonizados. Por ejemplo: si estamos en una sintonía alegre, sonreiremos, moveremos las manos con soltura, la voz será cantarina y tendrá mucha energía.

1. Crea la radio en la que se sintonizan las frecuencias emocionales.

1. Desprender el troquel de la radio y el dial.
2. Introducir el dial por la ranura inferior y sacarlo por la superior.
3. Poner un encuadernador en el centro del dial para sujetarlo.
4. Introducir en los agujeros superiores un cordel.

2. Cuélgate tu radio y di el mensaje según la frecuencia elegida.

3. Tras observar a los compañeros, elige una frecuencia emocional y describe cómo son los mensajes en esa frecuencia.

Nervioso | Tranquilo | Contento | Seguro | Agobiado

- Volumen de la voz

- Movimiento y postura del cuerpo

- Expresión de la cara

SOLUCIONES CREATIVAS

Mensajes prohibidos

Todos querían agradecer a Lola el valor que había tenido rompiendo el silencio. Esa noche sacaron farolillos rojos, verdes, morados y azules, y las luces colorearon las calles. Se volvieron a encender las viejas radios. El aire se llenó de canciones y mensajes.

1 Repartimos las funciones usando la tabla.

Rol	Funciones
Director	Mantiene el orden del programa.
Técnico de sonido	Pone y quita la música.
Regidor	Organiza al público.
Presentador bienvenida	Presenta el programa.
Reportero	Hace las preguntas.
Invitados	Contestan en directo a las preguntas.
Presentador despedida	Se despide de los oyentes.

Programa de radio

2 Elige con tu equipo una sintonía para el inicio y cierre del programa de radio.

> Sintonía: melodía con la que se marca el comienzo de un programa de radio o televisión.

3 Crea el mensaje de bienvenida.

4 Escribe preguntas para el concurso en las tarjetas de colores.

- **Rojas** → preguntas sobre cosas de casa. ¿Cómo es tu casa?
- **Amarillas** → preguntas de temas varios. ¿Qué hiciste en vacaciones?
- **Azules** → preguntas sobre el colegio. ¿Qué es lo que más te gusta del colegio?

5 Cread el guion del reportero preguntón.

6 Inventaos una dedicatoria de despedida para los oyentes.

7 Sigue los pasos con la ayuda del director para grabar el programa de radio. ¡Recuerda! Estamos en el aire: todo el mundo debe guardar silencio.

METACOGNICIÓN

Mensajes prohibidos

Cada noche, durante varias semanas, los habitantes de la ciudad sacaban los farolillos de colores y encendían las radios para lanzar mensajes de esperanza.

Una tarde de febrero, el sol brilló con fuerza sobre la ciudad con rayos anaranjados. Los duques mandaron reunir a toda la ciudad en la plaza mayor. La duquesa habló:

—Se acabaron las prohibiciones de silencio y oscuridad.

El duque prosiguió:

—Estábamos equivocados, y os pedimos perdón. Todos tenéis derecho a usar colores y a expresaros libremente.

Durante las horas siguientes, la ciudad fue una fiesta de colores, luz y música. Todo recobró la apariencia de los años felices.

Al anochecer, Lola contactó con sus amigos del Equipo V para contarles las buenas noticias. Ya nunca más tendría miedo a hablar con libertad.

1 Completa con tu equipo la diana de evaluación del proyecto de radio.

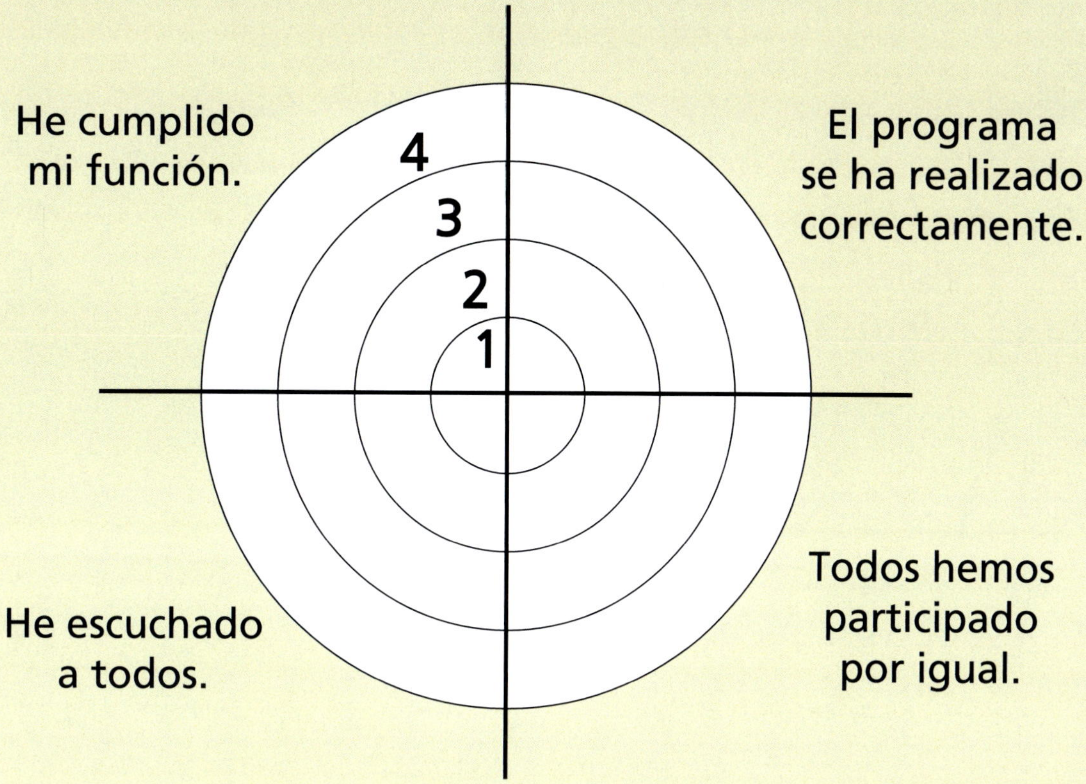

2 Contesta a las preguntas.

Escribe todas las palabras nuevas que has aprendido.	¿Qué sientes cuando no te dejan decir lo que piensas?
¿Por qué crees que hay personas que no dicen lo que piensan?	Explica una situación en la que no has podido dar tu opinión.

6 Antropólogos del silencio

▶ ¿Cómo escucho?

Para pensar...

- ¿Prefieres una ciudad o un lugar como este? ¿Por qué?
- Imagínate que estás allí durante unos minutos. ¿Qué sentirías?
- ¿Qué sonidos crees que se escuchan allí?

Antropólogos del silencio

En el Valle del Silencio hay una aldea donde reina la calma. Cuando desciendes al valle y cruzas el río descubres un lugar protegido por árboles centenarios y pájaros que flotan como susurros. En esa aldea no hay televisores, ni coches, ni teléfonos... Sus habitantes aman el silencio y la tranquilidad.

Cerca del Valle del Silencio está la caótica ciudad. Bulliciosa, llena de gente y coches. Cuando cruzas la autopista encuentras la calle principal, repleta de tiendas y luces. Sus habitantes se han hecho a vivir entre ruido y jaleo.

Una tarde, Bread Brain llegó muy estresado a la agencia. Le oyeron quejarse en susurros; repetía una y otra vez:

—Este ruido es insoportable; tenía que haberme quedado en el Valle del Silencio.

Bread Brain decidió poner orden. Mandó un mensaje al Equipo V: «Querido Equipo, no quiero oír ni un grito más. Queda terminantemente prohibido hablar. Necesito vuestra colaboración para recuperar el silencio».

Sin pronunciar palabra, salieron en busca de Bread Brain. Todos querían descubrir qué misterio se ocultaba detrás de tanto silencio.

ACADEMIA DE DETECTIVES

Antropólogos del silencio

Encontraron al jefe meditando sobre un tatami. Bread Brain abrió los ojos y, suavemente y sin prisa, dijo:

—Equipo: sois detectives fuertes y valientes, pero tenéis que aprender a controlar vuestra energía. Aprenderéis a relajaros, a concentraros y a activar vuestros sentidos para escuchar el silencio.

1 Colorea el mandala en silencio.

2 Sigue los pasos para poder percibir el silencio.

1. Busca una posición cómoda.

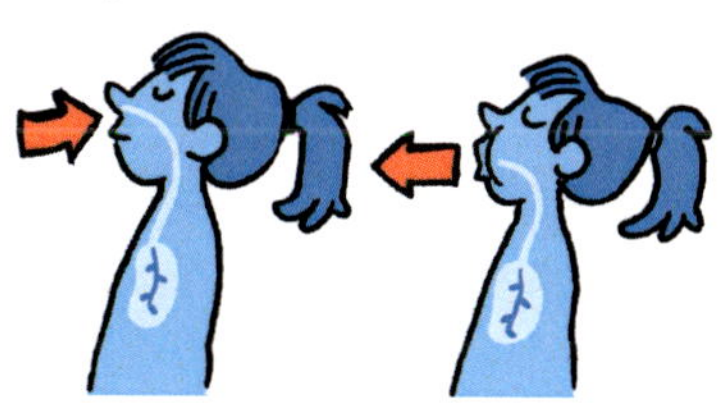

2. Respira tranquila y profundamente.

3. Repite en silencio la palabra secreta.

- ¿Cómo te has sentido?

Antropólogos del silencio

Bread Brain les informó de lo que estaba ocurriendo:

—Chicos, ya estáis preparados para conocer la situación. Ayer, el sonómetro que mide el ruido de la ciudad llegó a máximos históricos. Little Town tiene un problema de contaminación acústica.

Alan preguntó:

—¿La contaminación acústica es parecida a la contaminación del aire?

Bread Brain aclaró:

—Sí, parecida… En exceso, el sonido y los gases son dañinos. Mucho ruido puede ser malo para la salud.

1. Colorea el nivel de ruido de cada sonido de la clase.

	Nada	Poco	Bastante	Mucho
Libro que cae				
Golpe con el lápiz				
Charlas con un compañero				
Mover muebles				

2 Ordena de mayor a menor los ruidos que molestan en tu grupo.

Lo más ruidoso

Lo menos ruidoso

3 Repartid los instrumentos de la orquesta de clase entre los compañeros y cread ritmos con vuestros objetos.

4 Escribe qué haces tú para que no haya ambiente de escucha en clase.

5 Escribe un compromiso para mantener el clima de silencio y respeto en clase.

Antropólogos del silencio

La siguiente misión del Equipo V era convertirse en antropólogos para conocer el Valle del Silencio y a sus habitantes. Los antropólogos estudian las vidas de personas de diferentes lugares.

Masterclass. ¿Qué es una asamblea?

La asamblea es una reunión para hablar de temas importantes, compartir experiencias o sentimientos, tomar decisiones, organizarse… Todos los participantes se sientan en círculo para verse las caras y oírse bien.

Reglas de la asamblea

1 **Participar** compartiendo ideas, emociones, experiencias, propuestas…

2 Pedir y respetar los **turnos** de palabra.

3 Prestar **atención** a todas las aportaciones.

4 Hablar con **respeto** y sin gritar.

5 Dar muestras de estar escuchando: asentir, responder, sonreír…

Los sabios de la aldea del Valle del Silencio usan un bastón centenario para controlar el silencio y la palabra. Este bastón da la palabra a la persona que lo tiene, y el resto debe escuchar.

1 Decora tu bastón de la palabra con colores que inspiren silencio y respeto.

2 Decidid las normas de uso del bastón de la palabra. Después, escribe las decisiones.

- ¿Cómo se pide el turno de palabra?

- ¿Quién controla el bastón?

- ¿Cuánto dura un turno de palabra?

- ¿Cuándo se pierde el derecho a usar el bastón?

Antropólogos del silencio

Los miembros del Equipo V aprendieron mucho de los habitantes del Valle del Silencio, de los pájaros, del bosque y del río. La mejor enseñanza fue valorar el silencio: comprendieron que no es necesario hablar y hacer ruido en todo momento.

Después del viaje, todos estaban más sosegados, tenían más paciencia unos con otros. Eran capaces de escuchar a los demás sin interrumpirse, dando importancia a las aportaciones de cada uno.

Se reunieron con Bread Brain, y le enseñaron la maleta con los descubrimientos: un bastón de la palabra y una libreta con las normas de la asamblea.

Bread Brain les pidió soluciones para acabar con la contaminación acústica de la ciudad y enseñar a los habitantes de Little Town a ser más respetuosos y apreciar el silencio.

El Equipo V se puso manos a la obra.

Expedición sonora

Vamos a hacer una expedición para atrapar lugares con ruido y con silencio. Recuerda ir tranquilo para poder oír bien.

1 **Dibuja una ciudad con lugares tranquilos y lugares con ruido e inventa un itinerario.**

2 **Recorre la ruta que has planificado.**

- Pon la pegatina roja cuando en la parada haya ruido.
- Pon la pegatina azul cuando en la parada haya silencio.

3 **Crea un cartel con una frase ingeniosa y una imagen para pedir silencio o escucha.**

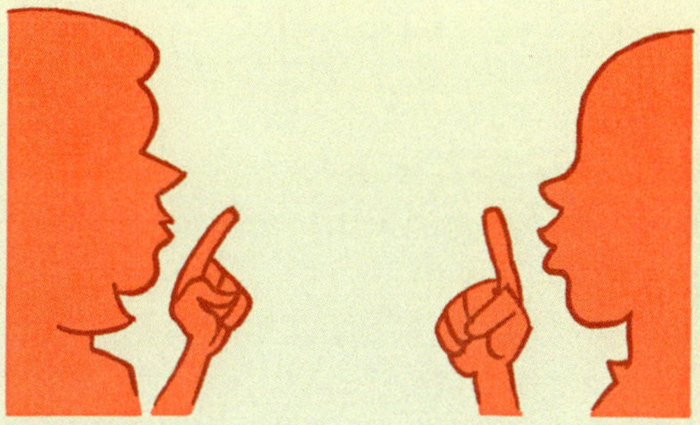

Antropólogos del silencio

Después de varias semanas trabajando en la ciudad habían logrado que Little Town fuera un lugar más tranquilo y apacible.

Bread Brain reunió en su despacho al Equipo V y les entregó un sobre. En su interior había una carta de agradecimiento de los sabios del Valle del Silencio por haber reducido el ruido de la ciudad y mantener su aldea libre de contaminación acústica.

Durante largo rato estuvieron hablando de todas las cosas que habían sucedido en los últimos días: el viaje al valle, la expedición, convertirse en antropólogos, los carteles... Tras la experiencia, todos y cada uno de ellos había descubierto un importante tesoro: el silencio.

1 **Piensa cómo te comportas cuando otras personas hablan y marca.**

- ¿Mantengo silencio?

☐ Siempre ☐ A veces ☐ Nunca

- ¿Presto atención a lo que me cuentan?

☐ Siempre ☐ A veces ☐ Nunca

- ¿Doy muestras de que estoy escuchando?

☐ Siempre ☐ A veces ☐ Nunca

2 **Contesta a las preguntas.**

Escribe todas las palabras nuevas que has aprendido.	¿Por qué es importante escuchar?
¿Cómo te sientes cuando hay silencio y tranquilidad?	**Explica tres cosas positivas de la asamblea.**

7 La avioneta del azar

▶ ¿Cómo decido?

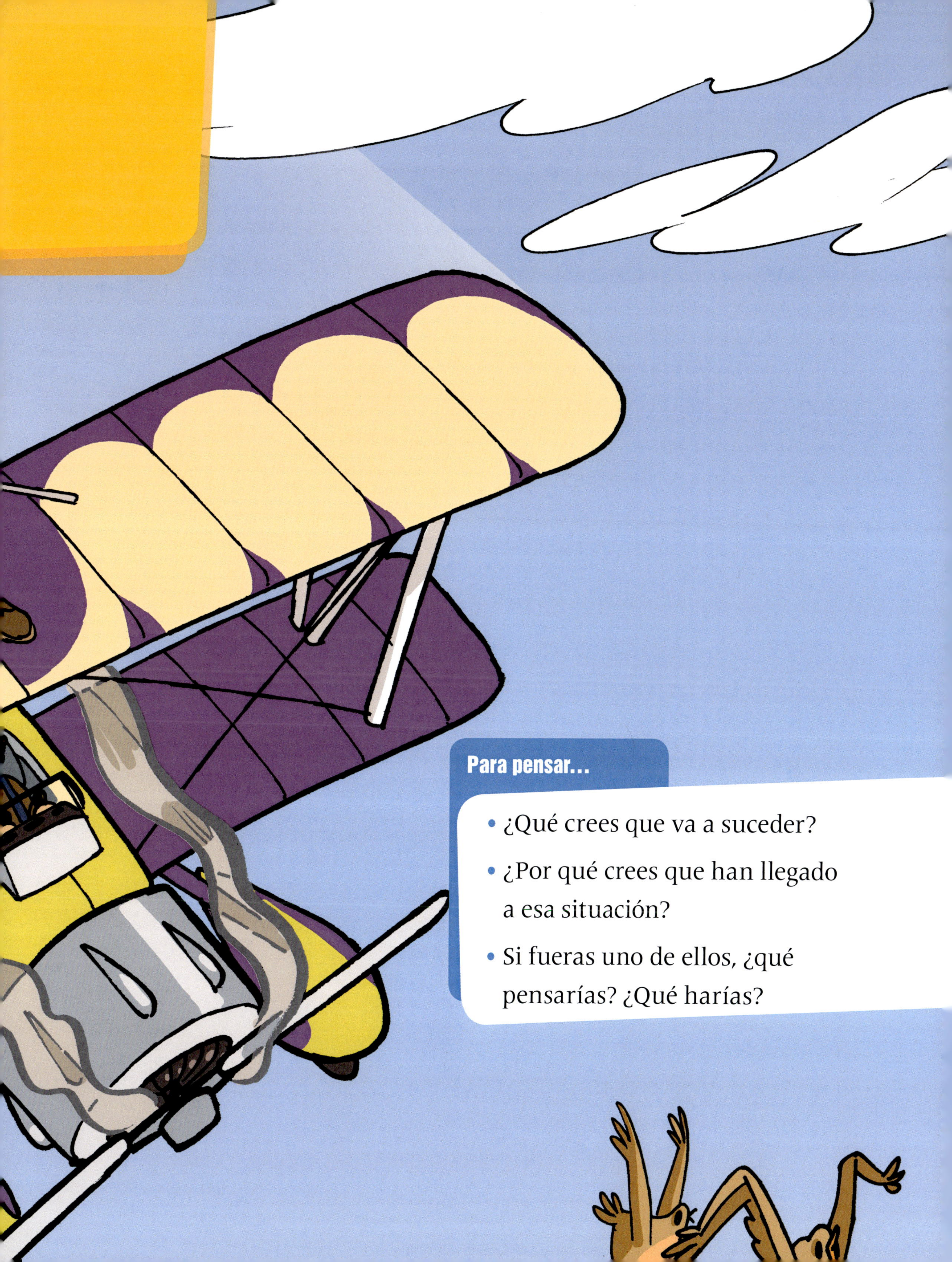

Para pensar...

- ¿Qué crees que va a suceder?
- ¿Por qué crees que han llegado a esa situación?
- Si fueras uno de ellos, ¿qué pensarías? ¿Qué harías?

La avioneta del azar

Los hermanos Fiasche estaban muy unidos; eran gemelos. Aunque idénticos, eran muy diferentes, y cada uno tenía su esencia particular. El pequeño, y un poquito más flaco, era algo bocazas, y mechones negros se le arremolinaban en la cabeza. El mayor, y un poquito más alto, era algo glotón, y cientos de pecas salpicaban su nariz.

Hartos de sus desgracias, probaron a cambiar sus vidas radicalmente. Se les ocurrió hacer un viaje, dejándolo todo en manos de la suerte. Hicieron las maletas, compraron una cámara de fotos, consiguieron una antigua avioneta y se pusieron en marcha. Dejaban en manos de la casualidad cada detalle del viaje, usando las más absurdas técnicas de azar.

Una vez en África, optaron por lanzar una moneda para decidir qué dirección seguían. La moneda marcó el sur. Ese rumbo los llevó a adentrarse en el desierto del Sáhara, en medio de una tormenta de arena que casi los deja sin respiración. Aunque salieron intactos, los hermanos se quejaban: «¡Qué mala suerte! ¡Seguro que en otro destino esto no nos hubiera pasado!».

ACADEMIA DE DETECTIVES

La avioneta del azar

Una mañana de niebla, los hermanos Fiasche despegaron nuevamente sin rumbo. Horas y horas estuvieron dando vueltas sin seguir una dirección fija. Al final, se quedaron sin combustible. Rápidamente mandaron un SOS a la torre más cercana.

Vais a jugar a ser pilotos y copilotos de un helicóptero. El copiloto debe señalar la ruta al piloto con las instrucciones.

- Inicio → Adelante, puede comenzar su marcha.
- Avanzar → Continúe de frente.
- Parar → Ahora, pare.
- Izquierda → Gire a la izquierda.
- Derecha → Gire a la derecha.
- Final → Enhorabuena: ha llegado a su destino.

Vais a ser conductores de una furgoneta y tenéis que recoger varios pedidos. Pero cuidado, ¡no tenéis la ruta que debéis seguir! Guiaos por las señales de vuestros compañeros.

La avioneta del azar

Tirso estaba de guardia cuando recibió un SOS.
Dio la voz de alarma, y todos subieron a la azotea. Desde allí vieron una avioneta precipitarse como una estrella fugaz.
El Equipo V corrió para ayudar a los pilotos.

1 Pon una equis en tu marcador cada vez que consigas encestar.

	Intento 1	Intento 2	Intento 3	TOTAL
Pegado a la canasta				
A diez pasos				
Con los ojos vendados				
Con la mano contraria				
De espaldas				

2 Observa los obstáculos que hay en el camino y piensa qué herramienta utilizarías para cada caso.

3 Completa la siguiente tabla.

	¿Qué usamos?	¿Por qué?
1		
2		
3		
4		

4 ¿Qué pasaría si escogieras otras herramientas distintas? Responde en tu cuaderno.

LABORATORIO

La avioneta del azar

Encontraron la avioneta incrustada en el suelo. ¡Estaban vivos! Pero pronto empezaron a lamentarse por su mala suerte. Alan puso freno a tanto pesimismo, diciendo:

—Habéis salido ilesos. Habrá que investigar si el accidente ha sido cuestión de mala suerte o no teníais bien pensado el plan del viaje.

Masterclass. El pensamiento pesimista

El pensamiento pesimista aparece cuando creemos que las cosas malas suceden por nuestra culpa, que todo nos va a salir mal siempre y que no existe nada que pueda ayudarnos. Todas las personas tenemos este tipo de pensamiento en algún momento.

Todo va fatal.
La culpa es mía.
Siempre tengo problemas.

Yo soy capaz de hacerlo.
Lo importante es intentarlo.
No pasa nada si fallo, así aprenderé.

! Recuerda

Si nos decimos a nosotros mismos frases positivas, cada vez seremos más optimistas.

Masterclass. Reorienta tu pesimismo

Para que los pensamientos pesimistas desaparezcan podemos usar varias técnicas:

- Apunta en una **lista** todo lo que te ha ocurrido en el día. Verás que te han ocurrido cosas negativas y también muchas cosas positivas.
- Cuando algo no te salga bien, **no te compares** con los demás. Cada persona es diferente.
- Busca **algo positivo** en lo que te haya ocurrido. De todas las situaciones podemos aprender algo para crecer y hacernos más fuertes.

1. Escribe junto a cada pensamiento pesimista un momento en el que hayas pensado así.

   - Todo me sale mal. ______________________________
   - Siempre me pasa igual. ______________________________
   - Nunca voy a aprender. ______________________________

2. Cuenta historias negativas que te hayan ocurrido en los últimos días. Tus compañeros te ayudarán a ver la cara positiva de los problemas.

La avioneta del azar

Mientras reparaban la avioneta entre todos, los hermanos Fiasche les contaron sus aventuras, lamentando sus percances y falta de fortuna. El siguiente destino era el sur de África, donde buscarían un amuleto contra la mala suerte. Ellos creían que ese talismán era lo que necesitaban.

El Equipo V se quedó preocupado. Pensaban que las ideas de los hermanos no tenían mucho sentido. No se daban cuenta de que todas las calamidades que habían pasado se debían a su falta de organización y de optimismo. Decidieron abrirles los ojos.

El día que la avioneta estuvo reparada se reunieron en la pista de aterrizaje para probarla. El Equipo V traía un regalo, que orientaría el nuevo viaje de los gemelos: el GPS Optimus. Junto a él, una nota: «Chicos: no es la mala suerte la que marca vuestra ruta. Lo que orienta vuestro viaje es vuestra actitud y vuestras decisiones. ¡No lo dejéis todo en manos del destino!».

GPS Optimus

Vas a crear un Optimus, el último modelo de GPS que usan los detectives más respetados.

1. **Desprende el troquel de las piezas.**
2. **Escribe mensajes para programar el GPS.**
   - En la tira OPTIMISMO: un mensaje para superar el pesimismo.
   - En la tira ORGANIZACIÓN: un mensaje para planificar soluciones.
3. **Une y ensambla las piezas. Introduce con cuidado cada tira por su ranura para que se vea la palabra.**
4. **Decora el GPS Optimus con botones, flechas, luces, altavoz, interruptor, etc.**

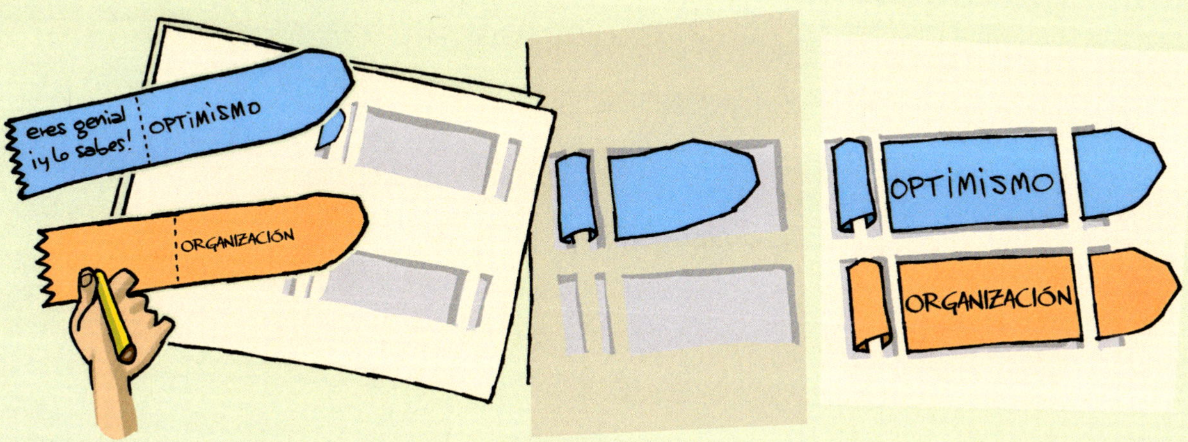

! Recuerda

¡Listo! Ya tienes tu GPS Optimus. Si ves a alguien que comienza a ser pesimista, préstale el GPS Optimus. Con él podrá reorientar su actitud.

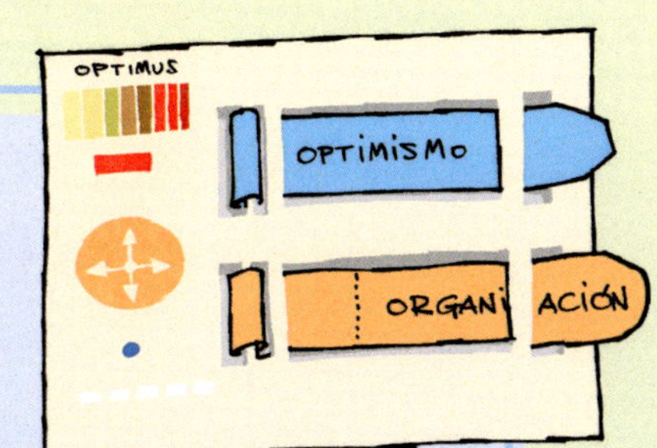

La avioneta del azar

Los Fiasche estuvieron varios días preparando su nueva ruta: comprando enseres, haciendo planes de viaje, programando el GPS, buscando información de los países, consultando mapas de vuelo… Gracias al Equipo V se habían dado cuenta de que las cosas buenas que en adelante les pudieran pasar dependerían de sí mismos.

Llegó el momento de la despedida. Fue muy emotiva: abrazos, lágrimas y palabras de cariño envolvieron la partida. Antes de montarse en su avioneta, los hermanos Fiasche sacaron sus monedas de la suerte y pensaron: ya no las necesitaremos. El Equipo V las guardó como recuerdo del caso.

Los hermanos Fiasche despegaron rumbo a Asia. La avioneta volvió a surcar los vientos, alejándose de Little Town.

En tierra, el Equipo V veía a sus nuevos amigos perderse entre las nubes. Siempre serían amigos.

1 **Escribe en cada color del semáforo.**

Escribe algo que todavía no has aprendido o entendido.

____

Escribe algo que has aprendido regular.

____

Escribe algo que hayas entendido o hayas hecho muy bien.

____

2 **Contesta a las preguntas.**

Escribe todas las palabras nuevas que has aprendido.	¿Por qué la gente dice que tiene mala suerte cuando algo le sale mal?
¿Crees que eres pesimista? Explícalo.	Describe cómo es una persona optimista.

8 Hay un héroe en ti

▶ ¿Cómo crezco?

Para pensar…

- ¿Hace falta sujetar la Tierra?
- ¿Por qué crees que lo está haciendo?
- ¿Qué imaginas que va a ocurrir después?

Hay un héroe en ti

Natassa aprendió desde pequeña a ver las desigualdades e intentar cambiarlas.

Una tarde encontró un gato atrapado en lo alto de una verja. Después de mucho probar, consiguió rescatarlo. Para que la próxima vez fuera más fácil, se inventó una muñequera con pinza extensible.

Una mañana vio cómo robaban el bolso a una señora. Para que la siguiente vez fuera más fácil identificar a los ladrones, diseñó un gorro con cámara de fotos.

Una noche vio una casa ardiendo. Llamó a los bomberos, que trajeron la escalera. Para ayudar mejor a alguien en peligro, creó unas botas con sistema de impulso.

Poco a poco fue inventando y añadiendo más sistemas a su armadura. Hasta que consiguió una auténtica armadura de cíborg. Preparada para combatir injusticias, recorrió las calles. Pronto se convirtió en una heroína que ayudaba a niños solitarios, perros abandonados, personas en apuros... Se publicaban noticias de sus proezas. Un periodista la bautizó como Cíborgirl. Los niños de la ciudad seguían de cerca sus hazañas, y todos querían cambiar el mundo como ella.

Hay un héroe en ti

El casco de un barco se había roto, y el petróleo contaminaba el mar, mataba peces, pájaros y plantas. Cíborgirl voló con sus propulsores y aspiró el agua contaminada.

Al ver cómo Cíborgirl luchaba por salvar el planeta de la contaminación, el Equipo V se unió al grito de «¡Yo también cambiaré el mundo!».

1 ¿Por qué crees que la Tierra tiene fiebre? Escribe tus ideas y colorea el dibujo.

2 Vamos a realizar un baile para curar la Tierra con los siguientes pasos.

Adelante

Capitán

Nuestro

Cero

Poder

Aumentado

Lucha

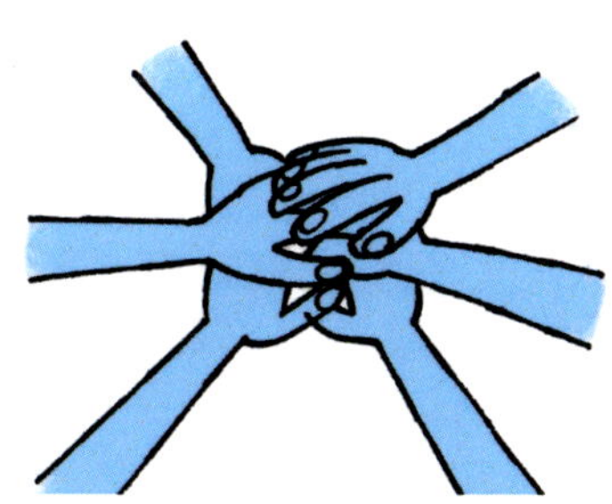

Ayudar

CASO ABIERTO

Hay un héroe en ti

Bread Brain llamó urgentemente al equipo V porque Cíborgirl estaba ahí, ante ellos.

Estuvieron charlando largo rato. Cíborgirl les contó que había decidido convertirse en heroína inspirada por Malala Yousafzai, una chica de Pakistán que luchaba por el derecho de las niñas a ir a la escuela. Cuando conoció su historia, pensó que todo el mundo podía ser un héroe. Cíborgirl les preguntó: «¿No tenéis un héroe al que admiráis?».

1 Piensa en una persona que sea un héroe y rellena su ficha de presentación.

Nombre

Poderes

Me gustaría parecerme a él/ella

El día en el que se conocieron, el Equipo V y Cíborgirl estuvieron haciendo planes para mejorar Little Town. Todos los miembros del Equipo V querían cambiar el mundo.

2 Escoge una de las siguientes situaciones injustas e imagina lo que está sucediendo.

3 Invéntate una historia con tu héroe como protagonista y con la situación escogida en la actividad anterior.

Hay un héroe en ti

Una mañana, los miembros del Equipo V quedaron en el centro tecnológico. Era un edificio moderno, dedicado a la investigación y la inteligencia artificial. Descubrieron los secretos de la tecnología cíborg, trabajando mano a mano con Cíborgirl.

Masterclass. Ficha técnica del cíborg

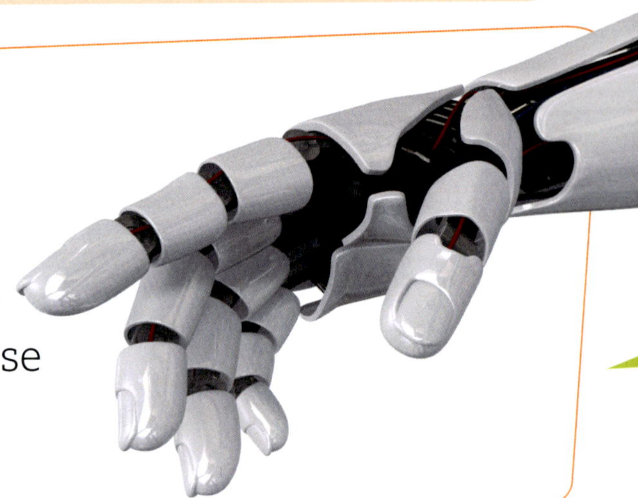

Un cíborg es un ser que tiene elementos tecnológicos para mejorar sus capacidades. Los cíborg se diseñan para poder enfrentarse a situaciones difíciles. Cada cíborg utiliza su tecnología con diferentes objetivos.

Cíborgirl utiliza sus elementos tecnológicos para luchar contra las desigualdades y la injusticia.

Nombre: Cíborgirl
Estatura: 1,30 m
Peso: 30 kg
Color de pelo: marrón
Color de ojos: negro

- Armadura: cachivaches y objetos reciclados.
- Poderes: comprometida, generosa, luchadora, sensible, valiente e incansable.
- Su heroína: Malala Yousafzai.
- Su eslogan: «Hay un héroe en ti».
- Nota: le enfadan mucho las desigualdades entre chicos y chicas.

1 Completa la ficha técnica y dibújate.

Nombre cíborg: ____________________

Nombre real: ____________________

Edad: ____________________

Idioma: ____________________

- Ayuda a ____________________
- Aparece cuando ____________________
- Zona de actuación: ____________________

• Trabajo en equipo				
• Superación				
• Autocontrol emocional				
• Atrevimiento				
• Optimismo				

SOLUCIONES CREATIVAS

Hay un héroe en ti

Después de las clases teóricas, Cíborgirl tenía preparada una sorpresa para el Equipo V: podrían crear sus propias armaduras de cíborg. Entusiasmados, se dirigieron al taller.

Primero, se centraron en el diseño. Luego, recopilaron las piezas y organizaron los materiales. Y, por último, se ayudaron unos a otros a ensamblar todos los elementos.

1. Inventa tu visor.
¿En qué situaciones injustas te vas a fijar?

2. Dibuja las piezas del protector de muñeca.
¿A quién vas a proteger cuando seas cíborg?

3. Diseña las piezas que llevará tu armadura.
¿Qué poderes saca de ti tu armadura?

Prototipo del cíborg

Un prototipo es un diseño de las partes y funciones de un invento.

4 **Consigue el material para el cíborg y decide el uso de cada pieza como en el ejemplo.**

Material	Pieza
Tapón rojo	Botón de encendido

5 **Ensambla las piezas de la armadura del cíborg para poder vencer las injusticias.**

Hay un héroe en ti

El día que las armaduras del cíborg estuvieron preparadas, Bread Brain acudió al centro tecnológico. Uno a uno fueron mostrando sus creaciones y explicaron las utilidades de cada elemento.

Nataly había creado unas gafas de visión nocturna para ayudar a niños que tienen miedo a la oscuridad. Alan había inventado un chip megáfono para que la gente pudiera expresar sus ideas. A Emma se le había ocurrido incorporar a su armadura un sensor de ruido para detectar la contaminación acústica. Y Tirso había fabricado un detector de ira para ayudar a la gente a no enfadarse.

Bread Brain y Cíborgirl les dieron una gran noticia: «¡Habéis sacado a los héroes que lleváis dentro! ¡Estáis preparados para cambiar el mundo!».

1 Piensa en las actividades y en todo lo que has aprendido, y colorea en cada sección de esta diana tu nivel.

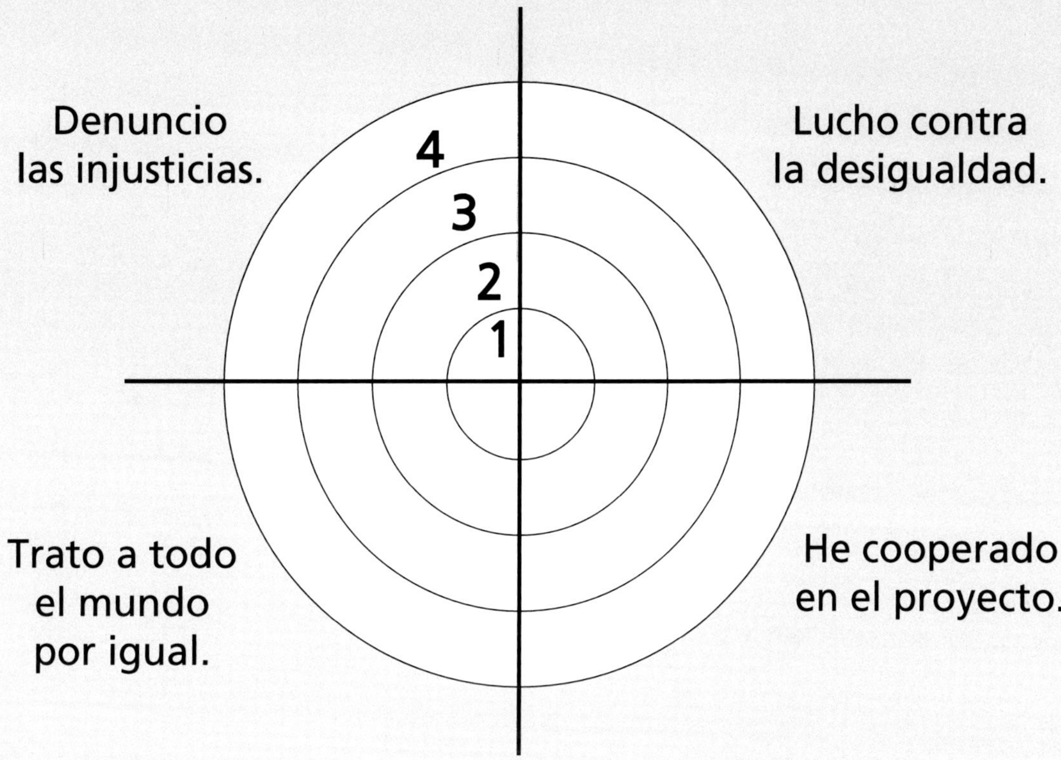

2 Contesta a las preguntas.

Escribe todas las palabras nuevas que has aprendido.	¿Crees que el planeta necesita ayuda?
¿Qué puedes hacer en tu colegio para que haya más igualdad?	Piensa en alguien a quien puedas ayudar y en qué le ayudarías.

9 Cíborg al rescate

▸ ¿Cómo actúo?

Para pensar…

- ¿Crees que es un robot, una persona, un superhéroe?
- ¿Habrá alguien en apuros?
- Si tú fueras el personaje de la imagen, ¿qué harías?

Cíborg al rescate

Cíborgirl había sido fichada para detectar situaciones de peligro o injusticia, e informar al Equipo V.

Aquel día había descubierto algo: dos codiciosos ladrones estaban robando dinero destinado a hospitales. Si no había dinero para medicinas, mucha gente correría peligro. El caso era muy urgente.

Trazaron un plan y decidieron pedir ayuda a sus amigos. Debían unir todas sus fuerzas para detener a los ladrones y recuperar el dinero. Se organizarían para camuflar su identidad y colocar micrófonos ocultos, con el fin de conocer los planes de los ladrones. Con los datos prepararían un programa de radio para informar del robo a toda la ciudad. Una vez que los ladrones fueran atrapados, Vega Canela prepararía una fórmula para que comprendieran que sus sentimientos eran de egoísmo y codicia. Tendrían que obligarlos a devolver el dinero robado.

La operación sería organizada por Bread Brain. Todos estaban de acuerdo con el plan. Así que se lanzaron a resolver el caso.

ACADEMIA DE DETECTIVES

Cíborg al rescate

Saca tu armadura de cíborg. Necesitamos que nos ayudes con otras situaciones injustas que están ocurriendo a tu alrededor. Nosotros no podemos combatirlas mientras resolvemos el caso de los hospitales.

1 Observa estas situaciones que suceden en la ciudad.

1 

2 

3 

4 

2 Elegid en equipo una solución para aconsejar a las personas de las situaciones anteriores.

1. ____________________

2. ____________________

3. ____________________

4. ____________________

CASO ABIERTO

Cíborg al rescate

Ya sabes que el éxito de una misión se debe a una buena planificación. Nuestro caso sigue adelante; ya hemos conseguido los planos y las claves de acceso. Es supersecreto. ¡No se lo cuentes a nadie!

1. Elige la opción que más te guste como cíborg.

ENCUESTA DE CÍBORG			
Ayudo			
al medio ambiente		a personas	
Aparezco			
en el colegio	en el parque	en la casa	en la carretera
Lucho contra			
la injusticia	la desigualdad	la contaminación	la violencia
Me muevo			
volando	a pie	por teletransporte	en un vehículo del futuro

2. Ahora que tienes claro cómo serías si fueras un cíborg, preséntate al resto de tus compañeros cíborg.

¡No olvides ninguno de los cíborg que han presentado tus compañeros!

3 Observa las situaciones y escribe el nombre del cíborg que solucionaría mejor cada escena.

1

2

3

4 Responde a las preguntas.

- ¿Qué cualidades o poderes tiene cada cíborg para resolver la situación?

  1.
  2.
  3.

- ¿Qué pasaría si no llegase ningún cíborg a solucionar las situaciones?

  1.
  2.
  3.

Masterclass. Justicia social

Si necesitas algo, seguramente se lo pides a tus padres. Ellos cuidan de tus necesidades. Hay necesidades que son comunes para toda la humanidad. Las llamamos «derechos». Las leyes y los gobiernos existen para que se respeten.

¿Cuáles son nuestros derechos?

- **Educación:** Que todos los niños y adultos reciban la educación básica.
- **Alimentación:** Que nadie pase hambre.
- **Vivienda:** Que todas las personas tengan un lugar donde vivir con dignidad.
- **Libertad:** Que podamos expresar lo que pensamos.
- **Respeto:** Que nadie abuse ni trate mal a los demás.

No siempre se protegen los derechos

Todas las personas deberíamos tener los derechos fundamentales garantizados. Pero hay situaciones injustas: la pobreza, el racismo, la discriminación de las mujeres y el trabajo infantil. También hay desigualdad: cuando no se respetan los derechos de las personas con menos dinero.

Conocer los derechos humanos y defenderlos nos hace más fuertes para luchar por un mundo más justo.

Cíborg al rescate

Nosotros, gracias a los micros escondidos,
hemos podido descubrir muchas cosas.
Ahora toca pasar a la acción.

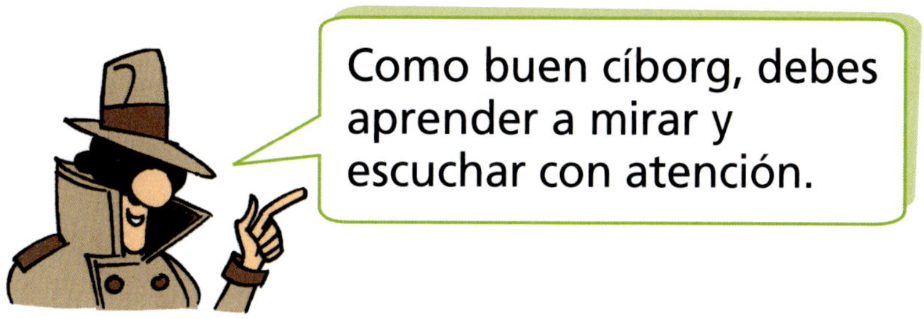

1 Imagina la noticia de una situación de injusticia.

TITULAR ______________________

TEXTO ______________________

____

____

____

____

2 Escribe junto a cada gota una situación de desigualdad o injusticia de tu entorno.

SOLUCIONES CREATIVAS

Cíborg al rescate

Ya hemos publicado todo lo que hemos descubierto, y hemos desenmascarado a los ladrones. Ahora estamos trabajando para que se arrepientan y devuelvan el dinero.

En equipo, y comprometiéndote, podrás cambiar poco a poco todas las cosas que no te gustan de tu alrededor. Lo importante es luchar por las cosas buenas que uno cree. ¡La agencia está orgullosa de ti!

1 Inventad una historia de injusticia en la que un cíborg de tu equipo tenga que ayudar.

- Escribid un capítulo de la serie, a la que llamaremos «Cíborg al rescate».
- Después, pensad el reparto de actores y elegid su vestuario.

Un **guion gráfico** es un guion con imágenes. En él se dibujan las diferentes escenas.

Creación del guion

2 Cread el guion con imágenes del capítulo de vuestra serie.

Escena 1: Presentación de personajes	Escena 2: Comienza el problema
Escena 3: Desarrollo de la acción	Escena 4: Desarrollo de la acción
Escena 5: Se resuelve la situación	Escena 6: Final y despedida

3 Elegid un sonido para cada escena que añada información a lo que ocurre en cada parte de la historia.

1. ______	2. ______
3. ______	4. ______
5. ______	6. ______

METACOGNICIÓN

Cíborg al rescate

El Equipo V y Cíborgirl han completado la misión: han conseguido recuperar el dinero para medicinas y que los ladrones asuman las consecuencias de su actitud.

Todos juntos seguiremos luchando para mejorar el mundo.

1 **Piensa en vuestra creación y marca cada apartado.**

Trabajo en equipo

- Hemos respetado las opiniones de los compañeros.

  ☐ Siempre ☐ A veces ☐ Nunca

- Hemos cumplido las tareas.

  ☐ Siempre ☐ A veces ☐ Nunca

El guion

- Aparecían los momentos de una historia.

  ☐ Todos ☐ Algunos ☐ Ninguno

- Se daban soluciones para resolver la injusticia.

  ☐ Mucho ☐ Un poco ☐ Nada

La representación

- Hemos interpretado el papel sin fallos.

  ☐ Siempre ☐ A veces ☐ Nunca

- Ha sido entretenida.

  ☐ Mucho ☐ Un poco ☐ Nada

2 **Contesta a las preguntas.**

Escribe todas las palabras nuevas que has aprendido.	Explica con tus palabras qué es «injusticia».
Explica alguna situación injusta que conozcas.	¿Qué poderes tienes como cíborg?

U 5 P 67

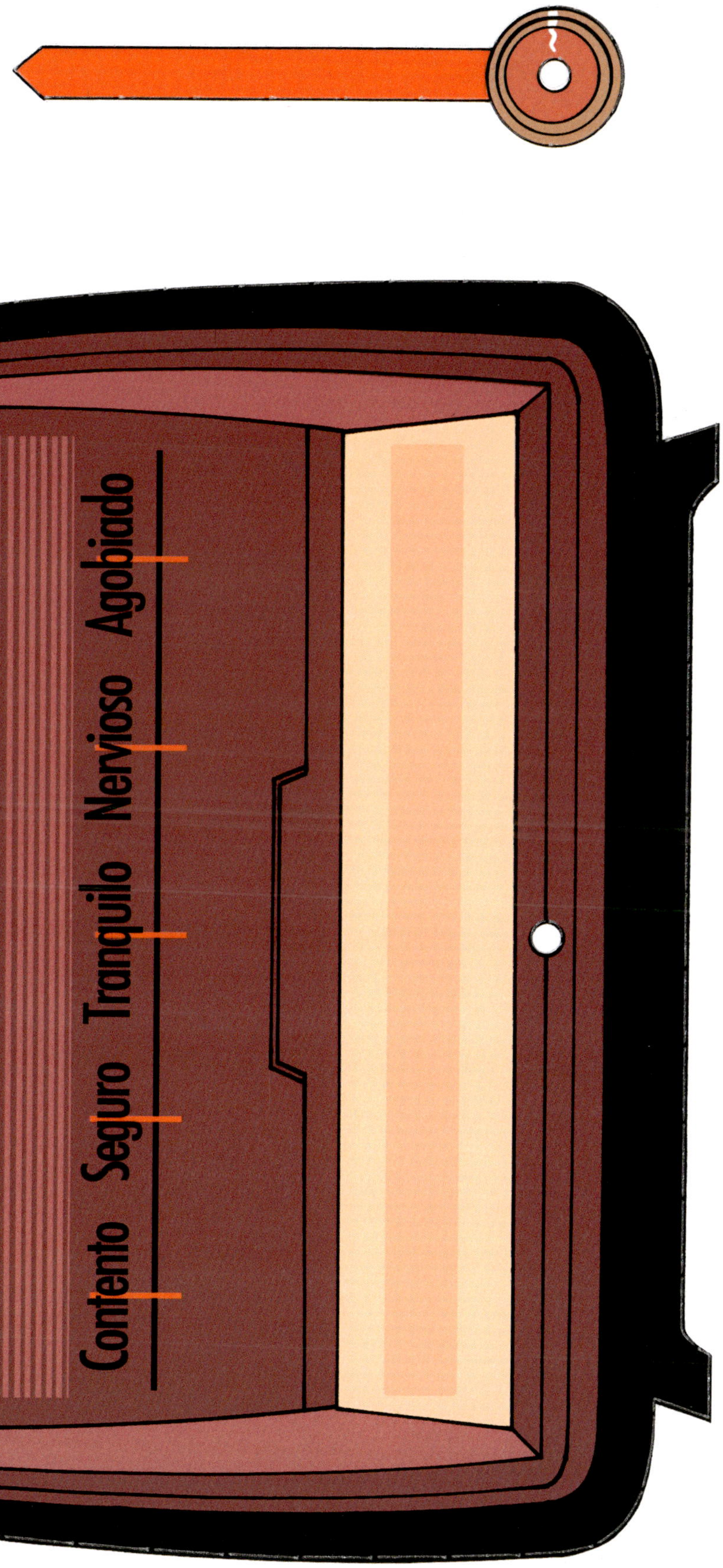

U 4 P 57

U 7 P 93

OPTIMISMO

ORGANIZACIÓN

U 4 P 56

U 6 P 81